1

7/8 ANS

Bescherelle

Français

ENTRAÎNEMENT

Véronique Virzi-Roustan
Institutrice

Éric Skhiri
Professeur des écoles

Hatier

Chers parents,

Vous souhaitez aider votre enfant en français ? Ce cahier simple d'utilisation et complet va lui permettre de s'entraîner tout au long de son année de CE1, et même plus tard s'il souhaite réviser certaines notions.

L'ouvrage est divisé en quatre grandes parties :
- la grammaire,
- la conjugaison,
- le vocabulaire,
- l'orthographe.

Le sommaire aidera votre enfant à trouver la leçon qu'il souhaite étudier ou revoir : il indique le numéro de chaque leçon, son titre et sa page.

Dans la plupart des leçons, votre enfant retrouvera la même progression :
• un encadré qui attire son attention sur les points importants de la leçon à partir d'exemples ;
• des exercices numérotés, progressifs, pour s'entraîner, avec une case pour noter ses performances.

Les corrigés des exercices se trouvent dans un cahier détachable au centre de l'ouvrage.

Apprendre n'est pas forcément compliqué. Des exercices clairs, des consignes précises, un vocabulaire simple faciliteront la tâche de votre enfant qui travaillera ainsi en toute autonomie.

Apprendre n'est pas forcément ennuyeux. La plupart du temps, les leçons s'appuient sur des exemples amusants et des jeux.

Les auteurs

Conception graphique et mise en pages : Nadine Aymard
Illustrations : Karen Laborie

© Hatier, 8 rue d'Assas, 75006 Paris, 2015, ISBN : 978-2-218-98975-9

Sommaire

Tous les corrigés sont placés en milieu d'ouvrage sur des feuillets détachables.

1 La phrase

- La phrase est une suite de mots qui a un sens. *La sorcière prépare une soupe de crapauds* et non *Une prépare sorcière crapauds de soupe la.*
- Une phrase commence toujours par une majuscule et se termine par un point.
- On utilise plusieurs signes de ponctuation . , ! ?
- La phrase négative permet de dire le contraire.
  La limace a des pattes. → *La limace n'a pas de pattes.*
  Pour transformer une phrase affirmative en phrase négative, on ajoute par exemple ne... pas ou n'... pas.

Pour en savoir plus, consulte Bescherelle école.

1 Remets ces mots dans l'ordre pour former des phrases.

1. dans la classe./rentrent/Les enfants

   Les enfants rentrent dans la classe.

2. une histoire./lit/La maîtresse

   La maîtresse lit une histoire.

3. Mathilde/Elle/appelle/au tableau.

   Elle appelle Mathilde au tableau.

4. une poésie/récite/Elle/ou une fable ?

   Elle récite une poésie ou une fable ?

   4/4

2 Retrouve les cinq phrases en les séparant par des points, puis entoure les lettres qui devraient être des majuscules.

aujourd'hui nous ferons du sport dans la cour de récréation. la maîtresse a prévu un entraînement et un grand jeu « le béret ». elle divise la classe en deux équipes. les équipes s'installent face à face. la maîtresse attend le silence pour commencer la partie.

5/5

3 Complète les phrases par un signe de ponctuation : . , ! ?

Chère Aida ,

J'ai hâte de te rencontrer et de venir voir ton école . Je n'oublierai
pas d'apporter mes photos de dauphins . Auras-tu des livres
à me prêter ? Tu as raison , le dauphin est un merveilleux
mammifère ! À bientôt !

Manon   5 / 7

4 Transforme les phrases affirmatives en phrases négatives.

1. J'arriverai à l'heure.   *pas*
   Je n'arriverai à l'heure.

2. Je déteste les épinards.
   Je n'déteste pas les épinards

3. Valentin se déguise en chevalier.
   Valentin ne se déguise pas en chevalier

4. Les enfants font un gâteau au chocolat.
   Les enfants n'font pas un gâteau au chocolat

5. Zoé veut venir avec nous.
   Zoé n'veut venir pas avec nous.
   pas   ... / 5

5 Transforme les phrases affirmatives en phrases négatives et les phrases négatives en phrases affirmatives.

1. Benjamin invite son copain chez lui.
   Benjamin n'invite pas son copain chez lui

2. Ils ne vont pas travailler.
   Ils vont travailler.

3. Maman leur a préparé de bonnes crêpes.
   Maman n'leur pas a prépare de bonnes crêpes

4. Ce ne sera pas une bonne journée !
   Ce sera une bonne journée !   ... / 4

2 La phrase simple

Lis avant de commencer

- Dans une phrase, le mot qui change avec le temps ou avec le pronom personnel (je, tu, il, elle, on, nous, vous, ils, elles) est le verbe.
  Le clown chante. → *Le clown chantera.*
- Une phrase simple peut être séparée en deux groupes.
  Le cheval blanc/galope.
- On utilise « c'est... qui » pour repérer ces deux groupes.
  C'est le cheval blanc qui galope.

  groupe nominal sujet (GNS)   groupe verbal (GV)

Pour en savoir plus, consulte Bescherelle école.

1 **En remplaçant « aujourd'hui » par « demain », transforme convenablement la phrase puis souligne le mot qui change. C'est le verbe !**

1. Aujourd'hui, le trapéziste saute sans filet.

Demain, ...le trapéziste santera sans filet.

2. Aujourd'hui, les lions rugissent fort.

Demain, ...les lions rugiront fort

3. Aujourd'hui, les clowns sont très drôles.

Demain, ...les clowns seront très drôles

4. Aujourd'hui, le funambule agite son parapluie.

Demain, ...le funambule agitera son parapluie   .../4

2 **En t'aidant du nouveau pronom personnel, transforme convenablement la phrase puis souligne le mot qui change. C'est le verbe !**

1. Il lance trois couteaux. Nous ....

2. Tu dresses les lions. Vous ....

3. Je réussis toujours ce tour de magie. Elles ....

....

4. Nous avons beaucoup d'animaux. Tu ..../4

3 Introduis convenablement dans la phrase « C'est ... qui » ou bien « Ce sont ... qui » pour trouver le groupe sujet puis souligne-le.

1. Le grand cirque s'installe sur la place du marché.

....

2. Les tigres du Bengale sont impressionnants.

....

3. Le courageux dompteur n'a pas peur.

....

4. Les enfants applaudissent à tour de bras.

....

5. L'écuyère porte son habit de lumière.

....

..../ 5

4 Souligne le groupe sujet et entoure le groupe verbal.

Les acrobates arrivent en courant sur la piste aux étoiles. Ils sont magnifiques ! Les filles brillent de mille feux dans leurs superbes tenues. Le numéro commence… Les garçons grimpent à la corde et saisissent le trapèze. Ils se balancent de plus en plus vite. Tout à coup, l'un d'eux lâche la barre et fait un saut périlleux !

..../ 7

5 En utilisant ta méthode préférée (changement de temps ou de pronom personnel), retrouve les verbes de ce petit texte. Entoure la première lettre de chacun d'eux. Elles forment ensemble un mot de six lettres qui terminera la phrase suivante :

Au cirque, un petit chien très malin est un chien ....

Le chien surgit sur la piste et apporte un bouquet de fleurs au dompteur. Au coup de sifflet, il valse sur la musique de l'orchestre. Son maître l'appelle alors pour une partie de football endiablée. Enfin, il numérote cinq cerceaux de papier et le chien les traverse à toute allure dans le bon ordre !

..../ 6

3 La phrase interrogative

> ## Lis avant de commencer
>
> - La phrase interrogative sert à poser une question. Elle commence par une majuscule et se termine toujours par le point d'interrogation ? .
> - En général, on construit une phrase interrogative en inversant le sujet et le verbe. On met alors un trait d'union entre les deux.
>   *Savez-vous pêcher des crevettes ?*
> - On peut aussi construire des phrases interrogatives avec les mots suivants :
>   où, quand, comment, combien, pourquoi, qui, que, quelle...

Pour en savoir plus, consulte Bescherelle école.

1 **Parmi les phrases suivantes, souligne uniquement les phrases interrogatives.**

1. Vive les vacances !
2. Jean et Alice courent sur la plage.
3. La mer est-elle assez chaude pour se baigner ?
4. Il faut y tremper le pied pour le savoir.
5. Lequel des deux sera volontaire ?

..../ 2

2 **Dans les phrases suivantes, mets la ponctuation qui convient : . ou ! ou ?.**

1. Le *Nautilus*, abîmé, remonte du fond des mers ☐
2. Arrivera-t-il jusqu'à la surface ☐
3. Le capitaine Némo n'est pas inquiet ☐
4. A-t-il confiance en son navire ☐
5. Quel homme courageux ☐

..../ 5

3 **Construis des phrases interrogatives en inversant le sujet et le verbe. N'oublie pas le trait d'union !**

1. On peut pêcher les oursins dans les rochers.

....

2. Il faut se protéger les mains.

....

3. Ils piquent très fort.

....

4. Il est préférable de les laisser vivre tranquillement.

....

5. On trouve des coquillages multicolores.

...... / 5

....

4 **Complète ces phrases interrogatives avec** qui, combien, où, quelle, comment.

1. .... de bras possède une étoile de mer ?
2. .... est la taille de la baleine bleue ?
3. .... pêche-t-on les crevettes ?
4. .... vivent les crabes ?
5. .... veut ramasser des algues ?

...... / 5

5 **Écris la bonne question pour chacune de ces réponses.**

1. La marée basse est prévue à 8 heures précises !

....

2. Les chalutiers rentrent au port.

....

3. On pêche les crevettes à l'épuisette.

....

4. Oui ! J'aime les moules-frites.

...... / 4

....

4 Le genre

Lis avant de commencer

- Tous les noms ont un **genre** : le masculin ou le féminin.
  Les noms féminins sont précédés de : une, la, l', ma, ta... *la plage*
  Les noms masculins sont précédés de : un, le, l', ton, mon... *le voyage*
- Pour transformer un nom masculin en nom féminin, il peut suffire de lui ajouter un e.
  un ami → une amie
- Certains noms de métiers masculins se transforment au féminin en remplaçant le -er par -ère.
  un cuisinier → une cuisinière
- Le féminin et le masculin sont parfois des mots complètement différents.
  un homme → une femme

Pour en savoir plus, consulte Bescherelle école.

1 Écris ce que tu vois sous chaque dessin. Entoure le genre qui convient.

masculin   féminin   masculin   féminin   masculin   féminin   masculin   féminin

....../ 4

....

2 Écris le féminin de ces noms masculins.

1. un client → ....

2. un patient → ....

3. Louis → ....

4. un voisin → ....

5. un invité → ....

6. un employé → ....

7. un marchand → ....

8. un cousin → ..../ 8

3 Trouve le féminin de ces métiers.

1. un boulanger → ....

2. un fermier → ....

3. un caissier → ....

4. un boucher → ....

5. un berger → ....

6. un charcutier → ....

7. un ouvrier → ....

8. un infirmier → ..../ 8

4 Relie par une flèche les couples féminin/masculin qui vont ensemble.

un bouc ●   ● une tante

un frère ●   ● une truie

un cheval ●   ● une chèvre

un jars ●   ● une jument

un oncle ●   ● une sœur

un porc ●   ● une oie   ..../ 6

5 Souligne les noms qui n'ont pas de féminin.

un escargot – un lion – un docteur – ton grand-père – un soldat –
un couteau – cet homme – un piano – son instituteur – un livre   ..../ 5

6 Souligne les noms qui s'écrivent de la même façon au féminin et au masculin.

Claude – sa tante – le directeur – un élève – une camarade –
le touriste – un guide   ..../ 5

5 Le nombre

> **Lis avant de commencer**

- Tous les noms ont un **nombre** : le singulier ou le pluriel.
  Les noms singuliers sont précédés de : le, la, un, une, ton, ta...
  un arbre, la fleur...
  Les noms pluriels sont précédés de : les, des, tes, mes...
  des arbres, les fleurs...
- En général, on forme le pluriel d'un nom en ajoutant un s au nom singulier.
  la fille → les filles
- Les noms en -eau et en -eu forment leur pluriel en ajoutant un x.
  un château → des châteaux
- Les noms en -ou forment leur pluriel en ajoutant un s. *un trou → des trous*
  sauf des bijoux, des cailloux, des choux, des genoux, des hiboux,
  des joujoux, des poux.
- Les noms en -al forment en général leur pluriel en -aux. *un canal → des canaux*
- Les noms déjà terminés par un s ou un z ne changent pas au pluriel.

Pour en savoir plus, consulte Bescherelle école.

1 Dessine ce qui est écrit puis entoure le nombre qui convient.

un château	des voitures	des fleurs	un voilier
singulier pluriel	singulier pluriel	singulier pluriel	singulier pluriel

..../ 4

2 Écris un, une, des devant les noms suivants.

1. .... billes
2. .... ballon
3. .... raquette
4. .... boîtes

5. .... toboggan
6. .... balançoires
7. .... grain de sable
8. .... lunettes

..../ 8

3 **Complète les phrases avec les noms ci-dessous que tu écriras au pluriel.**

château – feu – oiseau – poteau – cheveu

1. Les .... d'artifice éclairent tout le ciel.

2. Les .... de la Loire sont magnifiques.

3. Dans le ciel, les .... volent en groupe.

4. En vélo, on peut slalomer entre les ....

5. Je vais chez le coiffeur me faire couper les ....

..../ 5

4 **Complète ce mot fléché.**

..../ 6

5 **Écris ces noms au pluriel.**

1. un cheval → ....

2. un marteau → ....

3. un caillou → ....

4. un préau → ....

5. un cou → ....

6. un général → ....

..../ 6

13

6 Les noms propres et les noms communs

Lis avant de commencer

- Il y a deux catégories de noms :
  - les noms propres sont utilisés pour désigner : un être humain *(Nicolas)*, une ville *(Paris)*, un pays *(la France)*, un fleuve *(la Seine)*, un animal *(Nemo)*...
  Les noms propres commencent toujours par une majuscule.
  - les noms communs désignent, d'une manière plus générale, des personnes *(le boulanger)*, les animaux *(un lion)*, les objets *(un lit)*...
  Ils sont en général précédés par un déterminant : un, une, le, la, l', les, des.

Pour en savoir plus, consulte Bescherelle école.

1 Entoure les noms propres en rouge.

une école – le chien – l'Italie – un bateau – Nice – une voiture –
une fleur – Tintin – le français – Marie – le rouge – la mer –
le Pacifique – la télévision – un chat – Mozart.

..../ 6

2 Entoure les noms communs en bleu.

une forêt – la Martinique – la maîtresse – la télévision – la Suède –
un poème – un oiseau – un écrivain – Victor – le soleil –
l'Allemagne – une écriture – Marseille – une tasse.

..../ 9

3 Écris un nom propre qui correspond à chaque nom commun.

Exemple : un peintre → Picasso

1. un sportif → ....

2. une chanteuse → ....

3. un musicien → ....

4. un homme célèbre → ....

..../ 4

4 Réunis les noms communs aux noms propres par une flèche.

un faon ●   ● Dumbo

un rat ●   ● Milou

une princesse ●   ● Ratatouille

un éléphant ●   ● Bambi

un chien ●   ● Aurore

.../ 5

5 Recopie les phrases suivantes en mettant des majuscules aux noms propres.

1. Le chat de manon s'appelle tekila. Il a peur de paul car il crie souvent.

2. En tunisie et au maroc, il y a des charmeurs de serpents.

3. Pendant les vacances, kevin et cédric sont allés en égypte.

4. Mes parents ont fait une croisière sur le nil.

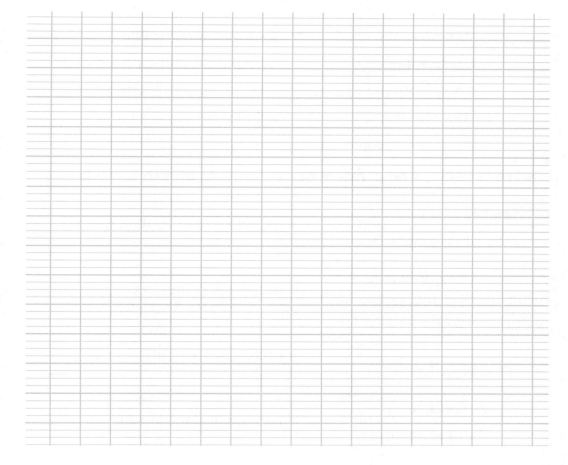

.../ 9

7 L'accord sujet-verbe

Lis avant de commencer

- Dans une phrase, le verbe s'accorde avec le groupe nominal sujet (GNS).
  Quand le GNS est au singulier, le verbe s'écrit au singulier.
  Quand le GNS est au pluriel, le verbe s'écrit au pluriel.
  Le pianiste donne un concerto.
  Les pianistes donnent un concerto.
- Le sujet peut être un GN, un nom propre, un pronom personnel.
- Plusieurs verbes peuvent s'accorder avec le même sujet.
  Le violoniste s'assoit et joue.

Pour en savoir plus, consulte Bescherelle école.

1 Réunis les groupes de mots qui vont ensemble.

Le chef d'orchestre •   • brillent de mille feux.

Les musiciens •   • sont déjà sur scène.

Les trompettes •   • préparent leurs instruments.

La symphonie •   • est jouée par l'orchestre.

Les chanteurs •   • dirige les musiciens.

..../ 5

2 Barre le GNS qui ne convient pas et forme la phrase correcte.

Les photographes •
Le photographe •   • attendent le chef d'orchestre.

Les opéras •
L'opéra •   • ferme ses portes.

Pierre •
Pierre et Jeanne •   • préfère les violons.

Les spectateurs •
Le spectateur •   • patientent dans la salle.

..../ 4

3 Complète les verbes par e ou ent.

1. Les violonistes accord...... leurs instruments.

2. Le concert commenc...... dans quelques instants.

3. Le public chuchot...... en attendant le début du spectacle.

4. Les ouvreuses plac...... les derniers arrivants.

5. Les musiciens se prépar...... pour le premier mouvement.

..../ 5

4 Souligne les sujets et accorde les verbes entre parenthèses.

Ce soir, nous (aller) .... au concert. Marie (aimer)

.... la *Cinquième Symphonie* de Beethoven. Nous (arriver)

.... un peu en avance, Marie (acheter) ....

un programme, puis une ouvreuse nous (placer) ....

et les musiciens (s'installer) .... dans la fosse

d'orchestre. Le spectacle (débuter) .... à 20 heures.

..../ 7

5 Relie le sujet au bon groupe verbal.

1. La fanfare •
- • arrivent et commencent à jouer.
- • arrive et commencent à jouer.
- • arrive et commence à jouer.

2. Ces musiciens •
- • se préparent et installent tous leurs instruments.
- • se prépare et installe tous leurs instruments.
- • se préparent et installe tous leurs instruments.

3. J' •
- • écoutes et apprécies cette magnifique mélodie.
- • écoute et apprécie cette magnifique mélodie.
- • écoutent et apprécient cette magnifique mélodie.

4. Tu •
- • composent et jouent comme un professionnel.
- • composes et joues comme un professionnel.
- • compose et joue comme un professionnel.

..../ 4

8 L'adjectif qualificatif

Lis avant de commencer

- L'adjectif qualificatif accompagne le nom pour lui donner une précision. *un jardin* fleuri
- L'adjectif qualificatif s'accorde en genre et en nombre avec le nom qu'il accompagne. *une tulipe rouge, des tulipes rouges*
- En général, on marque le féminin en ajoutant un e à l'adjectif masculin. *un vase abîmé* → *une fleur abîmée*
- Un adjectif qualificatif se terminant par s ou x au masculin singulier ne change généralement pas au masculin pluriel. *Un renard roux* → *des renards roux, un savon doux* → *des savons doux*

Pour en savoir plus, consulte Bescherelle école.

1 Pour chaque groupe nominal, trouve l'adjectif qualificatif qui convient.

des herbes ●   ● touffu

un arbre ●   ● multicolores

une clôture ●   ● bleue

un chemin ●   ● lisse

des pommes ●   ● mûres

un caillou ●   ● étroit

une fleur ●   ● basse

des oiseaux ●   ● hautes

..../ 8

2 Change l'adjectif pour dire le contraire.

1. un petit nid → ....

2. un sentier long → ....

3. un arbre haut → ....

4. un beau rosier → ....

5. un vieux jardinier → ....

6. un arrosoir plein → ....

..../ 6

3 Complète chaque phrase avec l'adjectif écrit entre parenthèses au féminin.

La (petit) .... chatte (blanc) .... se roule dans l'herbe fraîchement tondue. Le jardinier utilise une pelle (arrondi) .... pour planter ses fleurs. La taupe (roux) .... lui donne des soucis, elle retourne la terre (dur) .... et lui abîme son jardin. Vincent cueille une pêche (frais) .... et (juteux) .... dans le verger de son grand-père.

...../ 7

4 Écris les GN au pluriel.

1. un chêne vert → ....
2. un écureuil roux → ....
3. un buisson fleuri → ....
4. une statue blanche → ....
5. la jolie fleur → ....
6. un gros chien gris → ....

...../ 6

5 Écris le féminin des adjectifs qualificatifs dans la grille. En lisant de haut en bas les lettres des cases rouges, tu découvriras le nom d'une très belle plante.

1. adroit
2. blond
3. chaud
4. sérieux
5. fin
6. sec
7. adhésif
8. doux
9. mou

...../ 4

Le nom de la plante est : ....

9 L'infinitif

Lis avant de commencer

- D'une manière générale, pour parler d'un verbe, on le désigne par sa forme non conjuguée que l'on trouve dans le dictionnaire : l'infinitif. *Aller, manger, venir, chasser, partir, prendre, recevoir...* sont des verbes à l'infinitif.
- L'infinitif d'un verbe se termine toujours par -er, -ir, -re, -oir.

Pour en savoir plus, consulte Bescherelle école.

1 Relie chaque verbe conjugué à son infinitif.

1. Pourquoi ne le dites-vous pas ?   • marcher
2. Autrefois, je marchais beaucoup.   • croire
3. J'attends depuis si longtemps !   • vouloir
4. Nous aimons beaucoup aller au cinéma. •   • aimer
5. Léo et Jeanne n'en veulent plus !   • finir
6. Tu crois vraiment à cette histoire ?   • dire
7. Tu finissais ce travail très rapidement. •   • attendre

..../ 7

2 Sur cette page de dictionnaire, repère les verbes à l'infinitif en les soulignant. Remarque le lien avec les abréviations entre parenthèses.

partir *(v.)* S'en aller de l'endroit où l'on se trouve.

place *(n. fém.)* Lieu découvert au croisement de plusieurs rues.

porter *(v.)* Soulever une chose pour la prendre avec soi.

problème *(n. masc.)* Difficulté à résoudre.

puissant *(adj.)* Très fort, capable des plus grandes choses.

puits *(n. masc.)* Trou creusé dans le sol pour y trouver de l'eau.

puiser *(v.)* Prendre quelque chose depuis sa source, l'eau d'un puits par exemple.

punir *(v.)* Sanctionner quelqu'un qui a fait une bêtise.

..../ 4

3 **Parmi les verbes ci-dessous, souligne ceux qui sont à l'infinitif.**

joue, aller, utilisait, parles, finir, partira, dormis, marcher, mangerai, décidera, apercevoir, regarda, acheta, pousser, balayerons, arrosez, apprendre.

..../ 6

4 **Récris comme il se doit cette recette de cuisine à l'infinitif.**

Délice de pêches aux framboises

Tu **laves** et **dénoyautes** les pêches. Tu les **coupes** en morceaux puis tu les **mets** dans une casserole avec de la pulpe d'orange.

Tu **ajoutes** de l'eau et du sucre et tu **laisses** cuire pendant 15 minutes. Tu **incorpores** la crème. Tu **nettoies** les framboises et tu les **mets** dans une casserole avec du jus de citron. Tu les **fais** cuire également. Tu **gardes** les deux préparations au frais jusqu'au moment de servir.

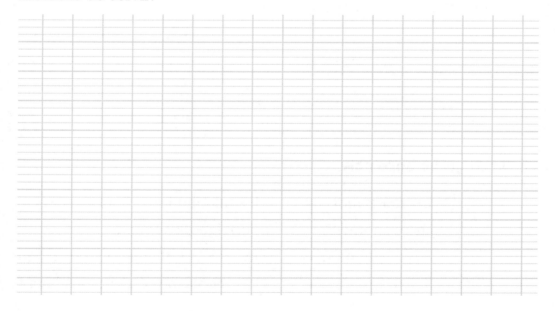

..../ 11

10 Passé, présent, futur

Lis avant de commencer

- Le plus souvent, il n'y a que le verbe qui peut te permettre de savoir si l'action a lieu au passé, au présent ou au futur.
- Certains petits mots ou expressions peuvent t'aider à savoir quand l'action se déroule : demain, hier, aujourd'hui, il y a un siècle, la semaine prochaine...

Pour en savoir plus, consulte Bescherelle école.

1 **Écris le numéro de chaque phrase dans la bonne colonne.**

1. De nos jours, la plus haute montagne du monde mesure 8 850 m !
2. Demain, cet alpiniste arrivera au sommet de l'Everest.
3. Il y a deux jours, Jean a évité cette crevasse de justesse.
4. L'année prochaine, la classe voyagera dans les Alpes.
5. Aujourd'hui, le mont Blanc est dégagé.

Passé	Présent	Futur
......	1	......
......	......	......

..../ 4

2 **Relie ce qui va ensemble.**

Dans deux mois, •   • les téléphériques fonctionnent.

En ce moment, •   • la neige disparaîtra.

Bientôt, •   • les mélèzes changeront de couleur.

Il y a des millions d'années, •   • ces montagnes étaient plus hautes.

..../ 4

• Corrigés des exercices _____ ...

1 La phrase (p. 4)

1● 1. Les enfants rentrent dans la classe. 2. La maîtresse lit une histoire. 3. Elle appelle Mathilde au tableau. 4. Elle récite une poésie ou une fable ?

2● Aujourd'hui nous ferons du sport dans la cour de récréation. La maîtresse a prévu un entraînement et un grand jeu « le béret ». Elle divise la classe en deux équipes. Les équipes s'installent face à face. La maîtresse attend le silence pour commencer la partie.

3● Chère Aida,
J'ai hâte de te rencontrer et de venir voir ton école. Je n'oublierai pas d'apporter mes photos de dauphins. Auras-tu des livres à me prêter ? Tu as raison, le dauphin est un merveilleux mammifère ! À bientôt. Manon

4● 1. Je **n'**arriverai **pas** à l'heure. 2. Je **ne** déteste **pas** les épinards. 3. Valentin **ne** se déguise **pas** en chevalier. 4. Les enfants **ne** font **pas** un gâteau au chocolat. 5. Zoé **ne** veut **pas** venir avec nous.

5● 1. Benjamin n'invite pas son copain chez lui. 2. Ils vont travailler. 3. Maman ne leur a pas préparé de bonnes crêpes. 4. Ce sera une bonne journée !

2 La phrase simple (p. 6)

1● 1. Demain, le trapéziste **sautera** sans filet. 2. Demain, les lions **rugiront** fort. 3. Demain, les clowns **seront** très drôles. 4. Demain, le funambule **agitera** son parapluie.

2● 1. Nous **lançons** trois couteaux. 2. Vous **dressez** les lions. 3. Elles **réussissent** toujours. 4. Tu **as** beaucoup d'animaux.

3● 1. Le grand cirque. 2. Les tigres du Bengale. 3. Le courageux dompteur. 4. Les enfants. 5. L'écuyère.

4● Les acrobates **arrivent en courant sur la piste aux étoiles.** Ils **sont magnifiques !** Les filles **brillent de mille feux dans leurs superbes tenues.** Le numéro **commence…** Les garçons **grimpent à la corde et saisissent le trapèze.** Ils **se balancent de plus en plus vite.** Tout à coup, l'un d'eux **lâche la barre et fait un saut périlleux !**

5● surgit ; apporte ; valse ; appelle ; numérote ; traverse. Tu obtiens le mot SAVANT.

3 La phrase interrogative (p. 8)

1● *Tu dois souligner :* 3. La mer est-elle assez chaude pour se baigner ? 5. Lequel des deux sera volontaire ?

2● 1. Le *Nautilus*, abîmé, remonte du fond des mers. 2. Arrivera-t-il jusqu'à la surface ? 3. Le capitaine Némo n'est pas inquiet. 4. A-t-il confiance en son navire ? 5. Quel homme courageux !

3● 1. Peut-on pêcher les oursins dans les rochers ? 2. Faut-il se protéger les mains ? 3. Piquent-ils très fort ? 4. Est-il préférable de les laisser vivre tranquillement ? 5. Trouve-t-on des coquillages multicolores ?

4● 1. **Combien** 2. **Quelle** 3. **Comment** *ou* **Où** 4. **Où** 5. **Qui**

5● 1. À quelle heure est prévue la marée basse ? 2. Où rentrent les chalutiers ? 3. Comment pêche-t-on les crevettes ? 4. Aimes-tu les moules-frites ?

4 Le genre (p. 10)

1● un avion, masculin. un bateau, masculin. une île, féminin. une ville, féminin.

2● 1. une cliente 2. une patiente 3. Louise 4. une voisine 5. une invitée 6. une employée 7. une marchande 8. une cousine

3● 1. une boulangère 2. une fermière 3. une caissière 4. une bouchère 5. une bergère 6. une charcutière 7. une ouvrière 8. une infirmière

4● *Tu dois relier :* un bouc – une chèvre ; un frère – une sœur ; un cheval – une jument ; un jars – une oie ; une tante – un oncle ; un porc – une truie

5● *Tu dois souligner les mots suivants :* un escargot – un soldat (le mot « soldate » existe, mais n'est pas couramment employé à ce niveau) – un couteau – un piano – un livre

6● *Tu dois souligner les mots suivants :* Claude – un élève – une camarade – le touriste – un guide

5 Le nombre (p. 12)

1● un château, singulier. des voitures, pluriel. des fleurs, pluriel. un voilier, singulier

2● 1. des billes 2. un ballon 3. une raquette 4. des boîtes 5. un toboggan 6. des balançoires 7. un grain de sable 8. des lunettes

4●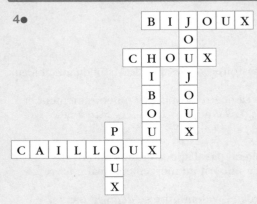

B I J O U X
O
U
C H O U X
I J
B O
O U
P U X
C A I L L O U X
O U
U
X

3● 1. Les feux d'artifice. 2. Les châteaux. 3. les oiseaux. 4.les poteaux. 5. les cheveux.

5● 1. des chevaux 2. des marteaux 3. des cailloux 4. des préaux 5. des cous 6. des généraux

6 Les noms propres et les noms communs (p. 14)

1● l'Italie – Nice – Tintin – Marie – le Pacifique – Mozart

2● une forêt – la maîtresse – la télévision – un poème – un oiseau – un écrivain – le soleil – une écriture – une tasse

4● *Tu dois relier :* un faon – Bambi ; un rat – Ratatouille ; une princesse – Aurore ; un éléphant – Dumbo ; un chien – Milou

5● 1. Le chat de **M**anon s'appelle **T**ekila. Il a peur de **P**aul car il crie souvent.
2. En **T**unisie et au **M**aroc, il y a des charmeurs de serpents.
3. Pendant les vacances, **K**evin et **C**édric sont allés en **É**gypte.
4. Mes parents ont fait une croisière sur le **N**il.

7 L'accord sujet-verbe (p. 16)

1● Le chef d'orchestre dirige les musiciens. Les musiciens préparent leurs instruments. Les trompettes brillent de mille feux. La symphonie est jouée par l'orchestre. Les chanteurs sont déjà sur scène.

2● *Les GNS qui ne conviennent pas sont :* Le photographe, Les opéras, Pierre et Jeanne, Le spectateur.

3● 1. Les violonistes accord**ent**. 2. Le concert commenc**e**. 3. Le public chuchot**e**. 4. Les ouvreuses plac**ent**. 5. Les musiciens se prépar**ent**.

4● Ce soir, <u>nous</u> **allons** au concert. <u>Marie</u> **aime** la *Cinquième Symphonie* de Beethoven. <u>Nous</u> **arrivons** un peu en avance, <u>Marie</u> **achète** un programme, puis <u>une ouvreuse</u> nous **place** et <u>les musiciens</u> **s'installent** dans la fosse d'orchestre. <u>Le spectacle</u> **débute** à 20 heures.

5● 1. La fanfare arrive et commence à jouer. 2. Ces musiciens se préparent et installent. 3. J'écoute et apprécie. 4. Tu composes et joues.

8 L'adjectif qualificatif (p. 18)

1● des herbes hautes, un arbre touffu, une clôture basse, un chemin étroit, des pommes mûres, un caillou lisse, une fleur bleue, des oiseaux multicolores.

2● 1. un grand nid 2. un sentier court 3. un arbre bas 4. un horrible rosier 5. un jeune jardinier 6. un arrosoir vide

3● La **petite** chatte **blanche**. Le jardinier utilise une pelle **arrondie**. La taupe **rousse**, la terre **dure**. une pêche **fraîche** et **juteuse**.

4● 1. des chênes verts 2. des écureuils roux 3. des buissons fleuris 4. des statues blanches 5. les jolies fleurs 6. des gros chiens gris

5● 1. adroite 2. blonde 3. chaude 4. sérieuse 5. fine 6. sèche 7. adhésive 8. douce 9. molle. *Tu trouveras le mot* tournesol.

9 L'infinitif (p. 20)

1● 1. dire 2. marcher 3. attendre 4. aimer 5. vouloir 6. croire 7. finir

2● *Tu dois souligner :* Partir, Porter, Puiser, Punir.

3● *Tu dois souligner :* aller, finir, marcher, apercevoir, pousser, apprendre.

4● **Laver** et **dénoyauter** les pêches. Les **couper** en morceaux puis les **mettre** dans une casserole avec de la pulpe d'orange. **Ajouter** de l'eau et du sucre et **laisser** cuire pendant 15 minutes. **Incorporer** la crème. **Nettoyer** les framboises et les **mettre** dans une casserole avec du jus de citron. Les **faire** cuire également. **Garder** les deux préparations au frais jusqu'au moment de servir.

10 Passé, présent, futur (p. 22)

1● Passé : 3 – Présent : 1, 5 – Futur : 2, 4

2● Dans deux mois/Bientôt, les mélèzes changeront de couleur. En ce moment, les téléphériques fonctionnent. Bientôt/Dans deux mois, la neige disparaîtra. Il y a des millions d'années, ces montagnes étaient plus hautes.

3● 1. Aujourd'hui 2. Après-demain 3. Hier 4. Dans un siècle 5. Au Moyen Âge

4● *Voici trois exemples.* Au passé : J'ai grimpé cette face de la montagne l'année dernière. Au présent : Cette paire de chaussures de ski me va parfaitement bien. Au futur : La saison prochaine, je gravirai le mont Blanc.

5● *Tu dois souligner en rouge* les phrases 4 et 6. *Tu dois souligner en bleu* les phrases 2 et 3. *Tu dois souligner en vert* les phrases 1 et 5.

6● jadis. le siècle dernier. il y a un mois. aujourd'hui. maintenant. demain. l'année prochaine. dans dix ans.

11 Le présent (p. 24)

1● *Tu dois souligner les phrases :* 2, 3 et 5.

2● *Tu peux écrire par exemple :* 1. Il est pressé. 2. Nous sommes prêts. 3. Les sorcières sont dans le château. 4. Oui, elle est méchante. 5. Oui, je suis très content.

3● 1. Le corbeau reste sur l'épaule de la sorcière. 2. Ils écoutent l'histoire. 3. Je cherche son chapeau/reste sur l'épaule de la sorcière. 4. Vous observez la magicienne. 5. Tu regardes par le trou de la serrure. 6. Nous creuserons une citrouille pour Halloween/dessinons des masques. 7. Jean, Charlie et moi dessinons des masques pour la fête/creusons une citrouille…

4● 1. Les magiciens **sont** très adroits. 2. Sur scène, ils n'**ont** plus le droit à l'erreur. 3. Antonin **est** en retard au spectacle. 4. L'artiste **est** devant son public. 5. Nous **sommes** tous admiratifs devant son adresse ! 6. Il **a** envie de nous faire rêver. 7. Regardez ! Il **a** une baguette magique.

5● Khizir avance. Il a très peur. La nuit est très noire. dix chats noirs sautent sur lui. Khizir hurle mais l'un des chats l'arrête et lui dit : « Attention ! Si tu vas… »

12 Le passé composé (p. 26)

1● 1. Faux 2. Vrai 3. Faux 4. Vrai 5. Vrai 6. Faux

2● Maxime est allé à l'école en bus. Je suis tombée de mon vélo. Tu es caché derrière le camion. Papa et maman sont arrivés avec leur nouvelle voiture. Julie et toi êtes coincées dans les embouteillages. Paul et moi sommes passés au feu rouge !

3● Nous **avons voyagé** en car. Nous **avons chanté** comme des fous ! À midi, le chauffeur **s'est arrêté**. Nous **avons mangé** des repas froids et nous **avons joué** au football. À 15 heures, le car **a démarré**. Même la maîtresse **s'est endormie** ! Nous **sommes arrivés** à la tombée de la nuit.

4● *Tu dois entourer :* 1. Présent 2. Passé composé 3. Passé composé 4. Passé composé

5● De nombreux pilotes **ont participé**. Le public les **a encouragés**. Les moteurs **ont démarré**. Les voitures **ont disparu**. Le pilote le plus rapide **a gagné**.

13 Le futur (p. 28)

1● 1. P 2. PC 3. F 4. F 5. P

2● 1. Les ours **nageront** 2. Le lion **se cachera** 3. Je **regarderai** 4. les dauphins **sauteront** 5. Nous **escaladerons**

3● 1. Quand **nous** irons voir les serpents, **je** serai tout près de toi. 2. **nous** serons ensemble ! 3. **Vous** serez surpris de la taille des boas. 4. **ils** seront certainement affamés. 5. **elle** sera sans doute très effrayée.

4● *Tu dois souligner les verbes suivants :* 2. Nous **aurons** beaucoup de chance si nous voyons les éléphants. 4. **Aurez**-vous le courage de les toucher ? 5. D'ailleurs, c'est peut-être lui qui **aura** peur de toi !

5● 1. Cet été, nous irons au zoo de La Palmyre. 2. On ira voir le spectacle des otaries. 3. Les enfants iront faire des photos. 4. Tu iras près du bassin pour mieux les voir. 5. Ensuite, j'irai chercher des glaces avec maman.

14 L'ordre alphabétique, le dictionnaire (p. 30)

1● *Tu dois entourer les lettres suivantes :* 1. **h**, 2. **d**, 3. **h**, 4. **q**.

2● aviron, badminton, football, handball, rafting. *Voici par exemple un sixième sport :* le tennis.

3● do, ma, mi, ne, on, ou, sa, si, ta, va.

4● Courir, jouer, lancer, marcher, nager, naviguer, pagayer, pédaler, sauter, servir.

5● 1. Vrai 2. Vrai 3. Faux 4. Vrai 5. Vrai

6● emballer, embarquer, embarras.

15 Les homonymes, les synonymes, les contraires (p. 32)

1● une ancre, une tâche d'encre – une cane, une canne – une chaîne, une feuille de chêne

2● *Fais vérifier tes dessins par un adulte.*

3● *Tu dois relier :* beau et joli, gentil et serviable, trouver et découvrir, une erreur et une faute, un remède et un médicament, joyeux et gai, courageux et brave, étrange et bizarre, horrible et laid, penser et réfléchir.

4● 1. Tes mains sont sales. 2. Ce garçon est mon ennemi. 3. C'est faux ! 4. Le train roule vite. 5. Ton sac est léger ! 6. Ce café est trop froid !

16 Les mots de la même famille (p. 34)

1● 1. une table, un tableau, une tablette de chocolat. Le radical est **table**.
2. des chaussettes, une chaussure, un chausson. Le radical est **chausse**.
3. une dent, un dentiste, un dentifrice. Le radical est **dent**.

2● *Les mots à barrer sont :* 1. chant 2. compagnon 3. râleur 4. sauce 5. vieille 6. sertir

3● *Les trois familles de mots sont :* marin, maritime, mer, amarrer, marée. enterrer, terrain, territoire, terrestre, atterrir, terrasse. flotteur, flottaison, flotter, flot, flottement.

4● *Tu peux trouver par exemple :* JARDIN : jardinier, jardinière, jardiner, jardinage. LAVER : laverie, laveur, lavage, lavable. GARDER : garderie, gardien, garde-boue, garde-meuble. FOURMI : fourmilier, fourmilière, fourmillement, fourmilion.

17 à/a ; et/est ; on/ont ; son/sont (p. 36)

1● Mathieu **a** finalement réussi **à** pêcher son poisson. Il lui **a** donné **à** manger dans son aquarium. Maman l'**a** aidé **à** laver son matériel. Justine **a** décoré l'aquarium avec des étoiles de mer qu'elle **a** ramassées **à** côté des bateaux.

2● La mouette qui vole dans le ciel **est** grise **et** blanche. la journée **est** encore claire **et** ensoleillée. Il **est** 20 heures **et** maman m'attend. avec des huîtres **et** des palourdes.

3● Les enfants **ont** participé. Regarde ce qu'ils **ont** rapporté ! **On** ferait bien d'en prendre de la graine. Ces homards **ont** des pinces démesurées. Ils **ont** presque réussi à déchirer le filet. **On** dira, **on** devrait.

4● Les marées **sont** des phénomènes extraordinaires. C'est la lune qui exerce **son** influence … Certaines mers ne **sont** presque pas concernées. La mer Méditerranée, par exemple, voit **son** niveau pratiquement inchangé.

5● **Où** voit-on. Chaque année dans tel **ou** tel port … petits **ou** grands, à deux **ou** trois mâts. **Où** que l'on soit. Voilà donc une région **où** il est possible. deux **ou** trois jours dans les ports **où** ils sont amarrés.

6● La mer **est** belle. ses reflets **sont** changeants. **Où** que l'on soit, **ou** à Lorient, ses dangers **sont** les mêmes.

18 m devant m, b, p (p. 38)

1● un timbre, une trompette, un bonbon, une lampe.

2● 1. entamer 2. emballer 3. enfermer 4. une tempête 5. le temps 6. ensemble 7. embrasser 8. enlever 9. empaler 10. emmener 11. une pente 12. de l'encens

3● 1. important 2. inconnu 3. impossible 4. intense 5. un malandrin 6. immangeable 7. simple 8. un imperméable 9. interdit 10. une timbale 11. infernal 12. incapable

4● 1. un pompier 2. un trombone 3. bon 4. bonjour 5. composer 6. combien 7. une onde 8. une bombarde 9. une rencontre 10. une ombre 11. un concombre 12. monter

5● nove**m**bre, vaca**n**ces. Au mo**m**e**n**t, **r**e**n**trée, **emm**itouflé, l'**em**porte, mo**n**de. **I**nterdit, **im**possible. il p**en**se, en bo**n**bons, m'**em**brasser. Vivem**en**t le mois de déce**m**bre ! ava**n**t Noël. prése**n**ce.

19 Les accents (p. 40)

1● un élève, un épouvantail, de l'électricité, du café, un cinéma, la télévision, un siège, une crème, une écaille, une caméra, une planète, un récit, une pièce, un comédien.

2● effacer, épais, tressaillir, exclure, l'appétit, émettre, une opération, une école, un éléphant, écouter, exciter, suggérer.

3● concret, après, exprès, un orvet, un bracelet, un abcès, un collet, un livret, un succès, un brevet, un accès, un mystère.

4●

	décomposition	la bonne écriture
un festin	un fes/tin	un festin
un medecin	un me/de/cin	un médecin
une fleche	une fle/che	une flèche
une presentation	une pre/sen/ta/tion	une présentation
une prestation	une pres/ta/tion	une prestation
une perle	une per/le	une perle
fiere	fie/re	fière
une priere	une prie/re	une prière

5● s'**é**chapper, piège. Entour**é**e, irr**é**m**é**diablement. **é**tait prisonnière, curiosit**é** ! Le mystère s'**é**tait retourn**é**. effaçait progressivement. Les l**è**vres scell**é**es par la s**é**cheresse.

3 Complète les phrases avec les mots suivants : au Moyen Âge, hier, aujourd'hui, après-demain, dans un siècle.

1. ...., les skieurs vont trop vite.
2. ...., il fera beau.
3. ...., j'ai acheté ce piolet.
4. ...., la montagne sera toujours aussi belle !
5. ...., les hommes ne skiaient pas !

..../ 5

4 Sur le thème de la montagne, écris une phrase au temps demandé.

Passé : ....

Présent : ....

Futur : ....

..../ 3

5 Souligne en rouge les phrases au présent, en bleu celles au passé, en vert celles au futur.

1. L'hiver prochain, je pratiquerai le surf des neiges.
2. Mon petit frère a eu sa première étoile.
3. La météo a prévu de la neige pour cette nuit.
4. Je range mon matériel de ski.
5. Nous irons voir la descente aux flambeaux.
6. Vous avez l'air très fatigués !

..../ 6

6 Classe ces expressions dans l'ordre du temps, du passé le plus ancien jusqu'au futur le plus lointain.
demain – il y a un mois – maintenant – l'année prochaine – le siècle dernier – dans dix ans – jadis – aujourd'hui

....
....
....
....
....

..../ 8

11 Le présent

● Le présent est un temps qui indique ce qui se passe au moment où l'on parle.
La sorcière récite une formule magique. (en ce moment)

● Verbes en -er	● Verbe **être**	● Verbe **avoir**	● Verbe **aller**
je danse	je **suis**	j'**ai**	je **vais**
tu danses	tu **es**	tu **as**	tu **vas**
il, elle danse	il, elle **est**	il, elle **a**	il, elle **va**
nous dansons	nous **sommes**	nous **avons**	nous **allons**
vous dansez	vous **êtes**	vous **avez**	vous **allez**
ils, elles dansent	ils, elles **sont**	ils, elles **ont**	ils, elles **vont**

Pour en savoir plus, consulte Bescherelle école.

◖1 **Souligne en rouge les phrases écrites au présent.**

1. La sorcière préparait sa potion magique.

2. Elle mélange de la bave de crapaud à d'horribles pattes de souris.

3. Après avoir sorti son grand livre de magie, elle récite des formules.

4. Pourra-t-elle se transformer ?

5. Le corbeau, son fidèle compagnon, l'observe attentivement.

6. Le mélange des ingrédients commençait à fumer.

..../ 3

◖2 **Réponds aux questions en utilisant le verbe** être.

1. Pourquoi le lutin court-il ? ....

2. Vampires et loups-garous, êtes-vous prêts ? ....

3. Où sont les sorcières ? ....

4. Est-elle très méchante ? ....

5. Es-tu satisfait du spectacle ? ....

..../ 5

3 Réunis par une flèche ce qui va ensemble.
(Attention, il peut y avoir plusieurs solutions.)

Le corbeau •   • écoutent l'histoire.

Ils •   • regardes par le trou de la serrure.

Je •   • observez la magicienne.

Vous •   • cherche son chapeau.

Tu •   • reste sur l'épaule de la sorcière.

Nous •   • creusons une citrouille pour Halloween.

Jean, Charlie et moi •   • dessinons des masques pour la fête.

..../ 7

4 Complète les phrases avec le verbe être ou le verbe avoir
au présent.

1. Les magiciens .... très adroits.

2. Sur scène, ils n'.................. plus le droit à l'erreur.

3. Antonin .... en retard au spectacle.

4. L'artiste .... devant son public.

5. Nous .... tous admiratifs devant son adresse !

6. Il .... envie de nous faire rêver.

7. Regardez ! Il .... une baguette magique.

..../ 7

5 Conjugue le verbe entre parenthèses au présent.

Khizir (avancer) .... prudemment en direction du
château du sorcier. Il (avoir) .... très peur.
La nuit (être) .... très noire. Soudain,
dix chats noirs (sauter) .... sur lui. Khizir (hurler)
........................., mais l'un des chats (l'arrêter) .... et
lui dit : « Attention ! Si tu (aller) .... dans le château,
tu seras transformé en crapaud. »

..../ 7

12 Le passé composé

> ## Lis avant de commencer
>
> - Le passé composé est un temps du passé qui est toujours formé de **deux mots** : avoir ou être au présent **(auxiliaire)** + le participe passé du verbe.
> - Voyager
>   - *j'ai voyagé*
>   - *tu as voyagé*
>   - *il, elle a voyagé*
>   - *nous avons voyagé*
>   - *vous avez voyagé*
>   - *ils, elles ont voyagé*
> - Arriver
>   - *je suis arrivé(e)*
>   - *tu es arrivé(e)*
>   - *il, elle est arrivé(e)*
>   - *nous sommes arrivé(e)s*
>   - *vous êtes arrivé(e)s*
>   - *ils, elles sont arrivé(e)s*

Pour en savoir plus, consulte Bescherelle école.

◖1 Ces phrases sont conjuguées au passé composé. Vrai ou Faux ?

1. L'avion atterrit sur la piste.   Vrai – Faux
2. La navette spatiale a décollé du pas de tir.   Vrai – Faux
3. Les voitures roulent sur l'autoroute à 130 km/h.   Vrai – Faux
4. Le TGV est arrivé à Marseille en trois heures.   Vrai – Faux
5. Cette moto a gagné le championnat du monde.   Vrai – Faux
6. Ce catamaran fait le tour de l'Afrique.   Vrai – Faux   …../ 6

◖2 Relie ce qui va ensemble.

Maxime ●   ● sont arrivés avec leur nouvelle voiture.

Je ●   ● êtes coincées dans les embouteillages.

Tu ●   ● sommes passés au feu rouge !

Papa et maman ●   ● est allé à l'école en bus.

Julie et toi ●   ● suis tombée de mon vélo.

Paul et moi ●   ● es caché derrière le camion.   …../ 6

3 Écris les verbes entre parenthèses au passé composé.
Attention à l'auxiliaire que tu utilises.

Nous (voyager) .... en car.

Nous (chanter) .... comme des fous !

À midi, le chauffeur (s'arrêter) ....

Nous (manger) .... des repas

froids et nous (jouer) .... au football.

À 15 heures, le car (démarrer) ....

Même la maîtresse (s'endormir) .... !

Nous (arriver) .... à la tombée de la nuit.

..../ 8

4 Lis les phrases et entoure la réponse qui convient.

1. Le pilote au casque rouge est en tête !   Présent – Passé composé

2. Tu as été un grand commandant.   Présent – Passé composé

3. El Cano a été le premier à faire
   le tour du monde.   Présent – Passé composé

4. Les trains à vapeur ont été
   les premiers trains.   Présent – Passé composé

..../ 4

5 Récris ce texte au passé composé.

De nombreux pilotes participent à la course cette année. Le public
les encourage bruyamment. Enfin le départ ! Les moteurs démarrent
dans un vrombissement assourdissant. Les voitures disparaissent au
tournant. Le pilote le plus rapide gagnera la coupe dorée.

..../ 5

13 Le futur

Lis avant de commencer

● **Le futur est un temps qui indique** ce qui se passera dans un instant, dans un an...
Dans quelques minutes, le zoo ouvrira ses portes.

● **Au futur, les terminaisons sont les mêmes pour tous les verbes :**

Verbes en **-er**	Être	Avoir	Aller
je chanterai	*je serai*	*j'aurai*	*j'irai*
tu chanteras	*tu seras*	*tu auras*	*tu iras*
il, elle chantera	*il, elle sera*	*il, elle aura*	*il, elle ira*
nous chanterons	*nous serons*	*nous aurons*	*nous irons*
vous chanterez	*vous serez*	*vous aurez*	*vous irez*
ils, elles chanteront	*ils, elles seront*	*ils, elles auront*	*ils, elles iront*

Pour en savoir plus, consulte Bescherelle école.

---

1 **Indique le temps de chacune des phrases :**
P (présent) ; F (futur) ; PC (passé composé).

1. Le gardien ouvre les grilles du zoo. ....

2. Les visiteurs ont pris leurs billets d'entrée. ....

3. Les enfants se précipiteront pour voir les singes. ....

4. Ils feront des acrobaties pour avoir des cacahuètes. ....

5. L'hippopotame ne montre que son énorme museau. ..../ 5

---

2 **Complète ces phrases avec tous les verbes suivants conjugués au futur :** se cacher, sauter, regarder, escalader, nager.

1. Les ours .... dans l'eau fraîche !

2. Le lion .... près de sa tanière pour ne pas être vu.

3. Je .... attentivement les girafes se déplacer.

4. Dans quelques minutes, les dauphins ....

5. Nous .... ce chemin avant d'apercevoir les chamois.   ..../ 5

3 Complète avec le pronom personnel (je, tu, il, elle, on, nous, vous, ils, elles) qui convient.

1. Quand .... irons voir les serpents, ... serai tout près de toi.

2. Tu ne dois pas avoir peur, ... serons ensemble !

3. .... serez surpris de la taille des boas.

4. C'est l'heure du repas, ... seront certainement affamés.

5. Maman ne les supporte vraiment pas, ... sera sans doute très effrayée.

.../ 6

4 Souligne en rouge le verbe avoir quand il est conjugué au futur.

1. Tu as toujours voulu aller au zoo.

2. Nous aurons beaucoup de chance si nous voyons les éléphants.

3. Il paraît qu'ils ont des poils sur le dos.

4. Aurez-vous le courage de les toucher ?

5. D'ailleurs, c'est peut-être lui qui aura peur de toi !

6. Dépêchons-nous, j'ai hâte d'y être !

.../ 3

5 Relie ce qui va ensemble.

Cet été, nous ●   ● ira voir le spectacle des otaries.

On ●   ● iras près du bassin pour mieux les voir.

Les enfants ●   ● iront faire des photos.

Tu ●   ● irons au zoo de La Palmyre.

Ensuite, j' ●   ● irai chercher des glaces avec maman.

.../ 5

14 L'ordre alphabétique, le dictionnaire

Lis avant de commencer

● Pour classer les mots par ordre alphabétique, on regarde tout d'abord la première lettre de ces mots.

Quand les mots ont la même première lettre, on regarde leur deuxième lettre.

S'ils ont la même deuxième lettre, on regarde leur troisième lettre et ainsi de suite.

● Dans un dictionnaire, les mots sont classés par ordre alphabétique.

Pour trouver un mot, on utilise les mots-repères placés en haut de chaque page.

Pour en savoir plus, consulte Bescherelle école.

1 Dans chacune de ces suites, il y a une lettre qui ne respecte pas l'ordre alphabétique. Entoure-la !

1. a b c h d e   2. j k l m d n o

3. u v w x h z   4. g h i q j k l

..../ 4

2 Classe ces sports par ordre alphabétique :
football, handball, aviron, badminton, rafting.

Ajoute ensuite un sixième sport qui trouvera sa place à la fin de la liste.

....

....

..../ 6

3 Classe ces syllabes par ordre alphabétique :
si, ou, sa, on, ne, va, ta, do, mi, ma.

....

....

..../ 10

4 Classe ces verbes à l'infinitif dans l'ordre alphabétique :

jouer, servir, courir, sauter, marcher, pédaler, lancer, nager, pagayer, naviguer.

....

....

....

..../ 10

5 Vrai ou Faux ? Entoure la bonne réponse.

1. Dans le dictionnaire, tu trouves le mot **sport**
entre les mots **spirituel** et **stalagmite**.   Vrai – Faux

2. Tu trouves le mot **javelot** entre les mots
jaune et **journal**.   Vrai – Faux

3. Tu trouves le mot **terrain** entre les mots
teneur et **terme**.   Vrai – Faux

4. Tu trouves le mot **piscine** entre les mots
pirogue et **placarder**.   Vrai – Faux

5. Tu trouves le mot **rugby** entre les mots
royaume et **rumsteck**.   Vrai – Faux   ..../ 5

6 Voici trois définitions du dictionnaire.
Retrouve dans la liste suivante les mots qui leur correspondent.

embaucher – embarras – embarcadère – embaumer – embarquer –
emballer

.... v. Envelopper, faire un paquet.

/ *Familier* : être enthousiasmé.

.... v. Faire monter des passagers,

des marchandises dans un bateau, un avion. / *Familier* : entraîner.

.... n.m. Situation difficile.

..../ 3

31

Lis avant de commencer

- Les homonymes sont des mots qui se prononcent ou s'écrivent de la même manière, mais qui ont des sens différents.
  le bal – la balle
- Les synonymes sont des mots qui ont le même sens ou presque.
  une maison – une villa
- Lorsque deux mots ont un sens opposé, on dit qu'ils sont contraires.
  grand – petit

Pour en savoir plus, consulte Bescherelle école.

1 Écris sous chaque dessin le mot qui lui correspond.

....

....

...../ 6

....

2 Dessine ce qui correspond à chaque phrase.

1. J'ai une ampoule sur le pied.

2. L'ampoule de ma lampe est grillée.

1.	2.

..../ 2

3 Relie les synonymes.

beau ●   ● découvrir

gentil ●   ● laid

trouver ●   ● gai

une erreur ●   ● bizarre

un remède ●   ● brave

joyeux ●   ● serviable

courageux ●   ● un médicament

étrange ●   ● joli

horrible ●   ● une faute

penser ●   ● réfléchir

..../ 10

4 Écris les phrases qui ont le sens contraire.

Je descends l'escalier. → Je monte l'escalier.

1. Tes mains sont propres. → Tes mains sont ....

2. Ce garçon est mon ami. → Ce garçon est mon ....

3. C'est vrai ! → C'est .... !

4. Le train roule lentement. → Le train roule ....

5. Ton sac est lourd ! → Ton sac est .... !

..../ 6

6. Ce café est trop chaud ! → Ce café est trop .... !

16 Les mots de la même famille

Lis avant de commencer

● Tous les mots formés à partir d'un même radical (c'est-à-dire la partie qui ne change pas) sont des mots de la même famille.
bâiller – un bâillement – entrebâiller

Pour en savoir plus, consulte Bescherelle école.

1 Après avoir écrit le nom de chaque dessin, trouve le radical de chaque famille de mots.

....

1. Le radical de cette famille de mots est : ....

....

2. Le radical de cette famille de mots est : ....

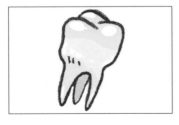  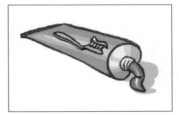

....

3. Le radical de cette famille de mots est : ....   **.../ 3**

2 Barre l'intrus qui n'est pas de la même famille que les autres mots de chaque liste.

1. chaussure – chausson – chant – chaussette
2. camping – camp – camper – compagnon
3. rouler – râleur – rouleau – roulette
4. sauce – saut – sauter – sautiller
5. ville – village – villageois – vieille
6. servir – sertir – serviteur – service

..../ 6

3 Reconstitue les trois familles de mots en les écrivant dans le tableau ci-dessous.

marin, enterrer, maritime, terrain, territoire, flotteur, mer, terrestre, flottaison, atterrir, flotter, flot, flottement, terrasse, amarrer, marée.

....	....	....
....	....	....
....	....	....
....	....	....
....	....	....
....	....	....

..../ 3

4 En t'aidant de ton dictionnaire, trouve quatre mots de la même famille pour chaque mot.

JARDIN	LAVER	GARDER	FOURMI
....	....	....	....
....	....	....	....
....	....	....	....
....	....	....	....

..../ 4

35

17 à/a ; et/est ; on/ont ; son/sont

ORTHOGRAPHE

Pour en savoir plus, consulte Bescherelle école.

1 Complète par a ou à selon que tu peux remplacer par avait ou pas.

Mathieu .... finalement réussi .... pêcher son poisson. Il lui ....
donné .... manger dans son aquarium. Maman l'....... aidé .... laver
son matériel. Justine .... décoré l'aquarium avec des étoiles de mer
qu'elle .... ramassées .... côté des bateaux.

..../ 9

2 Complète par est ou et selon que tu peux remplacer par était ou pas.

La mouette qui vole dans le ciel .... grise .... blanche. Quand
je quitte la plage, la journée .... encore claire .... ensoleillée.
Il .... 20 heures .... maman m'attend pour le repas. Elle m'a
préparé un plateau de fruits de mer avec des huîtres ....
des palourdes.

..../ 7

36

3 **Complète par on ou ont selon que tu peux remplacer par avaient ou pas.**

Les enfants .... participé à une grande pêche. Regarde ce qu'ils .... rapporté ! .... ferait bien d'en prendre de la graine. Ces homards .... des pinces démesurées. Ils .... presque réussi à déchirer le filet. .... dira ce qu'on voudra, ces enfants sont doués et .... devrait en faire d'excellents marins-pêcheurs. Bravo !

.../ 7

4 **Complète par sont ou son selon que tu peux remplacer par étaient ou pas.**

Les marées .... des phénomènes extraordinaires. C'est la lune qui exerce .... influence sur les océans et fait avancer ou reculer la mer deux fois par jour. Certaines mers ne .... presque pas concernées. La mer Méditerranée, par exemple, voit .... niveau pratiquement inchangé.

.../ 4

5 **Complète par ou ou bien par où selon que tu peux remplacer par ou bien ou pas.**

.... voit-on les plus beaux bateaux du monde ? Chaque année dans tel .... tel port de Bretagne, on trouve de magnifiques voiliers, petits .... grands, à deux .... trois mâts. .... que l'on soit sur le port, on peut apprécier leur élégance. Voilà donc une région .... il est possible de voir certains des plus beaux navires de la planète. Mais pour en profiter réellement, il faut prévoir de rester deux .... trois jours dans les ports .... ils sont amarrés.

.../ 8

6 **Complète par le mot qui convient (a, à, et, est, on, ont, sont, son, ou, où).**

La mer .... belle ! Tantôt bleus, tantôt verts, ses reflets .... changeants. .... que l'on soit dans le monde, à Hong Kong .... à Lorient, ses attraits et ses dangers .... les mêmes.

.../ 5

37

18 m devant m, b, p

ORTHOGRAPHE

Lis avant de commencer

- Devant les lettres **m**, **b** et **p**, les sons « om », « em », « im », « am » s'écrivent avec un **m**.
  une tombola, une tempête, impossible, une ambulance.
- Il y a quelques exceptions à cette règle :
  bonbon, embonpoint, néanmoins, Istanbul, mainmise...

Pour en savoir plus, consulte Bescherelle école.

1 **Écris le nom de ce que représente chaque dessin.**

 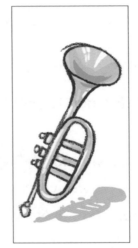  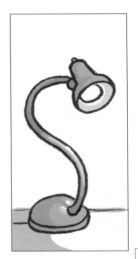

..../ 4

....

2 **Complète les mots par en ou em. Tu peux t'aider du dictionnaire.**

1. ....tamer
2. ....baller
3. ....fermer
4. une t........pête
5. le t........ps
6. ens........ble

7. ....brasser
8. ....lever
9. ....paler
10. ....mener
11. une p........te
12. de l'enc........s

..../ 12

38

3 Complète les mots par **in** ou **im**. Tu peux t'aider du dictionnaire.

1. ....portant
2. ....connu
3. ....possible
4. ....tense
5. un malandr........
6. ....mangeable

7. s........ple
8. un ....perméable
9. ....terdit
10. une t........bale
11. ....fernal
12. ....capable

..../ 12

4 Complète les mots par **on** ou **om**. Tu peux t'aider du dictionnaire.

1. un p........pier
2. un tr........bone
3. b........
4. b........jour
5. c........poser
6. c........bien

7. une ....de
8. une b........barde
9. une renc........tre
10. une ....bre
11. un c........c........bre
12. m........ter

..../ 12

5 Retrouve les parties manquantes et écris-les convenablement.

Chaque année, au mois de nov..........bre, mon père part en
vac..........ces. Au mom..........t où je fais ma r..........trée, ...mitouflé
dans une écharpe pour me protéger du froid, un avion l'..........porte
vers les chaleurs de l'autre bout du m..........de. ....terdit
d'y penser ! Autrement, il me serait ....possible de dormir.
Heureusement, il p..........se à m'approvisionner copieusement
en b..........bons de tout genre et surtout à m'..........brasser avant
de partir. Vivem..........t le mois de déc..........bre ! Il revient toujours
juste av..........t Noël. Il sait qu'à cette occasion, il n'a pas le droit
de me priver de sa prés..........ce.

..../ 16

39

19 Les accents

> ## Lis avant de commencer
>
> - On distingue les accents aigu, grave et circonflexe :
>   *un épi de blé, un frère, une forêt.*
> - On ne met pas d'accent devant une consonne double : *efficace, dessécher* ;
>   ou un **x** : *un exemple.*
> - Quand le e est suivi d'une consonne dans une syllabe, il ne prend pas d'accent.
>   *espace* → *es-pa-ce* (pas d'accent)
>   Sinon il en prend un.
>   *appétit* → *ap-pé-tit* (on met un accent)
> - L'accent grave peut apparaître sur le e en fin de mot quand celui-ci se termine par **s**.
>   *près, après, succès, excès.*

Pour en savoir plus, consulte Bescherelle école.

◀1 **Mets l'accent qui convient. Tu peux te servir du dictionnaire.**

un eleve, un epouvantail, de l'electricite, du cafe, un cinema,
la television, un siege, une creme, une ecaille, une camera,
une planete, un recit, une piece, un comedien.

..../ 14

◀2 **Place l'accent quand il manque.**

effacer, epais, tressaillir, exclure, l'appetit, emettre, une operation,
une ecole, un elephant, ecouter, exciter, suggerer.

..../ 12

◀3 **Ajoute l'accent grave lorsqu'il le faut.**

concret, apres, expres, un orvet, un bracelet, un abces, un collet,
un livret, un succes, un brevet, un acces, un mystere.

..../ 12

4 Décompose chaque mot en syllabes pour savoir s'il faut lui ajouter un accent.

	décomposition	la bonne écriture
le destin	le des/tin	le destin
un festin	....	....
un medecin	....	....
une fleche	....	....
une presentation	....	....
une prestation	....	....
une perle	....	....
fiere	....	....
une priere	....	....

..../ 8

5 Place les accents qui conviennent dans ce texte.

Elle ne savait comment s'echapper de ce piege. Entouree de quatre murs parfaitement verticaux et glissants, la fuite lui semblait irremediablement impossible. Julie etait prisonniere de sa propre curiosite ! Le mystere s'etait finalement retourne contre elle… La panique effaçait progressivement la belle couleur rose de son visage. Les levres scellees par la secheresse, elle commençait tout simplement à avoir peur…

..../ 13

41

Liste de sons importants

Voyelles

[a] un rat

[ɑ] un âne

[o] *(o fermé)* un dos, un bateau, chaud

[ɔ] *(o ouvert)* une école, des bottes

[e] *(é fermé)* l'été

[ɛ] *(é ouvert)* une fête, la laine, une reine

[i] un bijou

[u] un coucou

[y] la lune

[œ] *(e ouvert)* la peur

[ø] *(e fermé)* un nœud

[ə] *(e sourd)* le, je

[ã] un enfant, une tente, un pamplemousse

[ɛ̃] peindre, un rein, un patin

[ɔ̃] un bonbon

[œ̃] un parfum

Consonnes

[p] un pompon

[b] bonjour

[t] toujours

[d] demain

[k] quarante, un coucou, un kiosque

[g] une guêpe

[f] France, un pharaon, une touffe

[v] Valentin

[s] une souris

[z] une rose

[ʒ] un jouet

[ʃ] un cheveu

[l] un ballon

[r] une route

[m] Mathilde

[n] non

Semi-voyelles ou semi-consonnes

[j] les yeux

[w] ouest

[ɥ] un nuage

Liste de mots invariables

Voici une liste de mots invariables. Ces mots s'écrivent toujours de la même façon. Ils sont classés par ordre alphabétique afin que tu puisses les retrouver très facilement.

Consulte cette liste à chaque fois que tu as un doute sur leur orthographe.

Tu peux aussi en apprendre quelques-uns chaque jour…

A
à côté
à peine
afin que
ailleurs
ainsi
alors
après
après-demain
assez
au-dessous
au-dessus
aujourd'hui
auparavant
auprès
aussi
aussitôt
autant
autour
autrefois
autrement
avant
avec

B
beaucoup
bien
bientôt

C
car
cependant
chaque
chez
combien

comme
comment

D
d'abord
dans
davantage
dedans
dehors
déjà
demain
depuis
derrière
dès lors
dès que
devant
durant

E
encore
enfin
ensuite
entre
et
exprès

H
hier
hors

I
ici

J
jamais
jusqu'à

L
là-bas
lentement
loin
longtemps
lorsque

M
maintenant
mais
malgré
mieux
moins

N
nombreux

P
parce que
parfois
parmi
partout
pendant
plusieurs
plutôt
pour
pourtant
pourvu que
près de
presque
puis

puisque

Q
quand
quelquefois

S
sans
selon
seulement
soudain
souvent
sur
surtout

T
tandis que
tant mieux
tant pis
tard
tellement
tôt
toujours
tout à coup
travers
très
trop

V
vers
vite
voici
voilà
volontiers
vraiment

Tableau de conjugaison

Verbe	Présent	Imparfait	Futur	Passé composé
être	je suis	j'étais	je serai	j'ai été
	tu es	tu étais	tu seras	tu as été
	il/elle est	il/elle était	il/elle sera	il/elle a été
	nous sommes	nous étions	nous serons	nous avons été
	vous êtes	vous étiez	vous serez	vous avez été
	ils/elles sont	ils/elles étaient	ils/elles seront	ils/elles ont été
avoir	j'ai	j'avais	j'aurai	j'ai eu
	tu as	tu avais	tu auras	tu as eu
	il/elle a	il/elle avait	il/elle aura	il/elle a eu
	nous avons	nous avions	nous aurons	nous avons eu
	vous avez	vous aviez	vous aurez	vous avez eu
	ils/elles ont	ils/elles avaient	ils/elles auront	ils/elles ont eu
aller	je vais	j'allais	j'irai	je suis allé(e)
	tu vas	tu allais	tu iras	tu es allé(e)
	il/elle va	il/elle allait	il/elle ira	il/elle est allé(e)
	nous allons	nous allions	nous irons	nous sommes allé(e)s
	vous allez	vous alliez	vous irez	vous êtes allé(e)s
	ils/elles vont	ils/elles allaient	ils/elles iront	ils/elles sont allé(e)s
faire	je fais	je faisais	je ferai	j'ai fait
	tu fais	tu faisais	tu feras	tu as fait
	il/elle fait	il/elle faisait	il/elle fera	il/elle a fait
	nous faisons	nous faisions	nous ferons	nous avons fait
	vous faites	vous faisiez	vous ferez	vous avez fait
	ils/elles font	ils/elles faisaient	ils/elles feront	ils/elles ont fait
parler	je parle	je parlais	je parlerai	j'ai parlé
	tu parles	tu parlais	tu parleras	tu as parlé
	il/elle parle	il/elle parlait	il/elle parlera	il/elle a parlé
	nous parlons	nous parlions	nous parlerons	nous avons parlé
	vous parlez	vous parliez	vous parlerez	vous avez parlé
	ils/elles parlent	ils/elles parlaient	ils/elles parleront	ils/elles ont parlé
finir	je finis	je finissais	je finirai	j'ai fini
	tu finis	tu finissais	tu finiras	tu as fini
	il/elle finit	il/elle finissait	il/elle finira	il/elle a fini
	nous finissons	nous finissions	nous finirons	nous avons fini
	vous finissez	vous finissiez	vous finirez	vous avez fini
	ils/elles finissent	ils/elles finissaient	ils/elles finiront	ils/elles ont fini
dire	je dis	je disais	je dirai	j'ai dit
	tu dis	tu disais	tu diras	tu as dit
	il/elle dit	il/elle disait	il/elle dira	il/elle a dit
	nous disons	nous disions	nous dirons	nous avons dit
	vous dites	vous disiez	vous direz	vous avez dit
	ils/elles disent	ils/elles disaient	ils/elles diront	ils/elles ont dit

IMPRIM'VERT

PAPIER À BASE DE FIBRES CERTIFIÉES

s'engage pour l'environnement en réduisant l'empreinte carbone de ses livres. Celle de cet exemplaire est de : 350 g éq. CO₂ Rendez-vous sur www.hatier-durable.fr

Achevé d'imprimer par l'Imprimerie de Champagne à Langres — France
Dépôt légal : 98975-9/02 — Mai 2017